AF282887

Antagónicas verdades

ANTAGÓNICAS VERDADES

UNA APROXIMACIÓN TEORÉTICA SOBRE AMNISTÍA Y CONSTITUCIÓN

José Luis Milena

EDITORIAL BUBOK

© JOSÉ LUIS MILENA, 2025
ANTAGÓNICAS VERDADES

ISBN Libro en papel: 978-84-685-9012-7
ISBN eBook en PDF: 978-84-685-9013-4

Impreso en España
Editado por Bubok Publishing S.L.

Reservados todos los derechos. Salvo excepción prevista
por la ley, no se permite la reproducción total o parcial
de esta obra, ni su incorporación a un sistema informáti-
co, ni su transmisión en cualquier forma o por cualquier
medio (electrónico, mecánico, fotocopia, grabación u
otros) sin autorización previa y por escrito de los titulares
del copyright. La infracción de dichos derechos conlleva
sanciones legales y puede constituir un delito contra la
propiedad intelectual.

Diríjase a CEDRO (Centro Español de Derechos Repro-
gráficos) si necesita fotocopiar o escanear algún fragmen-
to de esta obra (www.conlicencia.com; 91 702 19 70 / 93
272 04 47).

A Juan-Ramón Capella, maestro y amigo inolvidable
In memoriam

IGUALDAD

¿No están los lectores hartos de *tanta* desigualdad?

Juan-Ramón Capella, -El Lobo Feroz-
El peligroso berrinche de la ultraderecha
Revista Mientras Tanto, 27-XI-2023

LIBERTAD

Los términos a los que hay que asociar la ductilidad constitucional de la que aquí se habla son la coexistencia y el compromiso. La visión de la política que está implícita no es la de la relación de exclusión e imposición por la fuerza (en el sentido del amigo-enemigo hobbesiano y schmittiano), sino la inclusiva de integración a través de la red de valores y procedimientos comunicativos, que es además la única visión no catastrófica de la política posible en nuestro tiempo.

Gustavo Zagrebelsky
El derecho dúctil. Ley, derechos, justicia

ÍNDICE

PREFACIO 13

I

ANTECEDENTES DOGMÁTICO-NORMATIVOS 27

II

AMNISTÍA Y DERECHOS FUNDAMENTALES 35
OTRAS GRAVES VIOLACIONES NORMATIVO-CONSTITUCIONALES DE LA AMNISTÍA 49
LA AMNISTÍA LEGAL COMO RESERVA IMPROPIA E ILEGÍTIMA DE PODER CONSTITUYENTE 65
AMNISTÍA Y PRINCIPIOS NORMATIVOS DE INTERPRETACIÓN CONSTITUCIONAL 69

III

LA AMNISTÍA COMO FRAUDE CONSTITUCIONAL Y GRAVE GRIETA EN EL PILAR DE NUESTRAS LIBERTADES CIUDADANAS: LA IMPOSIBLE CONSTITUCIONALIDAD DE LA AMNISTÍA......................... 85

PREFACIO

Para poder comprender el término de la institución de la amnistía en profundidad, debemos empezar por un análisis etimológico de la palabra. Amnistía, al igual que amnesia, tiene su origen en el latín científico, que, a su vez, deriva de la expresión griega ἀμνηστία que se traduce como olvido. A este respecto cabe señalar que históricamente es en la antigua Grecia donde hunde sus raíces como instituto y creación de Derecho, al amnistiarse por parte de los demócratas atenienses capitaneados por el general Trasíbulo a los colaboradores de la dictadura de los Treinta Tiranos[1]. En este contexto, la palabra olvido significa que no ha habido ni hubo ilícito penal por unos hechos delictivos determinados.

---

[1] La amnistía antes y ahora, en La ley de amnistía: cuestiones constitucionales, Agustín Ruiz Robledo, Centro de Estudios Políticos y Constitucionales, Madrid, 2024.

En el transcurso del tiempo, la amnistía se ha presentado como una herramienta política para lograr la reconciliación y la transición hacia sistemas democráticos, especialmente en contextos de cambio de régimen o tras largos períodos de dictadura, por lo que viene a denominarse, según consenso doctrinal bastante, la aplicación de un *Derecho injusto* unido a dichas circunstancias. En España, la Ley de Amnistía de 1977 se aprobó como parte de la transición democrática. Esta ley fue un paso importante y clave para poder superar las tensiones derivadas del régimen franquista y poder promover la reconciliación nacional.

Actualmente la viabilidad constitucional de una ley de amnistía suscita no poca controversia jurídica, y es objeto por tanto de un debate indubitado –a un mayor grado, para el caso de una eventual ley de amnistía de signo *político*, pactada entre políticos para su beneficio propio–, por las razones antes apuntadas *grosso modo*. Particularmente, existe una línea de defensa de ésta por las consecuencias penales del denominado *procés* secesionista catalán, que queda también desmontada desde iguales parámetros y sin adentrarnos en este punto en mayores detalles, cuando se concluye que

<blockquote>la amnistía de los delitos conectados con el denominado *procés* no resulta jurídicamente aceptable, ni siquiera admitien-</blockquote>

do que la Constitución no prohíbe toda amnistía, y el fundamento político-criminal de esta clase de medidas [2] [3].

La *Ley Orgánica 1/2024, de 10 de junio, de amnistía para la normalización institucional, política y social en Cataluña,* una vez aprobada, ha suscitado, en consecuencia, como primera ley en período democrático de este tipo, la controversia, al otorgar amnistía a los líderes políticos implicados en dicho proceso independentista catalán de 2017.

Resulta pertinente por otro lado, y para un mayor entendimiento de los extremos planteados, contextualizar mínimamente la cuestión dentro de los compromisos internacionales asumidos por España, particularmente –aunque no solo, como se verá más adelante–, en relación con la Agenda 2030 para el Desarrollo Sostenible de Naciones Unidas, y en especial con su Objetivo 16, que promueve la construcción de

> sociedades pacíficas e inclusivas para el desarrollo sostenible, facilitar el acceso a la justicia para todos y crear instituciones eficaces, responsables e inclusivas a todos los niveles.

---

[2] Una amnistía sin fundamento jurídico, Alicia Gil, Catedrática de Derecho Penal en la UNED, Diario ABC, 22 de septiembre de 2023.

[3] Para este último supuesto sobre el 'fundamento político-criminal de esta clase de medidas' véase el artículo 130.1. 4º del vigente Código Penal donde aparece la amnistía como causa legal de extinción de responsabilidad criminal, según modificación de este número 1 del artículo 130 introducida por la disposición final segunda de la Ley Orgánica 1/2024 de 10 de junio, de amnistía para la normalización institucional, política y social en Cataluña.

Desde esta perspectiva, la eventual articulación de una amnistía de carácter político –como medida singularísimamente dirigida– podría ser cuestionada por erosionar los pilares de legalidad, seguridad jurídica y confianza en las instituciones públicas, comprometiendo así los principios fundamentales del propio Objetivo 16. En efecto, si bien dicho objetivo aboga por mecanismos de reconciliación y justicia transicional en contextos excepcionales, también exige que estos respeten los principios de transparencia, responsabilidad institucional y universalidad del Derecho, en contraposición con privilegios selectivos que puedan poner en entredicho la igualdad ante la ley, elemento nuclear del Estado de Derecho consagrado, asimismo, en el artículo 14 de nuestra Constitución.

A través de la doctrina y la jurisprudencia, así como también de textos legales y constitucionales más relevantes sobre nuestro ordenamiento jurídico, con la presente obra se pretende formalizar, no obstante, un análisis sobre la amnistía *in abstracto*, dejando de lado como particular objeto de análisis la vigente y referida ley de amnistía ya en vigor, *Ley Orgánica 1/2024, de 10 de junio, de amnistía para la normalización institucional, política y social en Cataluña*, así como su viabilidad y encaje en nuestro sistema constitucional como medida de gracia del poder legislativo –*política*, de políticos a políticos fundamentalmente– dirigida en situación de privilegio legislativo contrario a la igualdad de todos los ciudadanos, a los solos implicados en la Declaración unilateral de independencia de octubre de 2017 en Cataluña, conculcándose así a su vez el carácter intrínseco de *generalidad de las leyes* en cuanto a su aplicabilidad-disponibilidad –aplicabilidad para todos y disponibilidad también de todos sin excepción–, propio de cualquier sistema democrático estandarizado, carácter que se infiere de la propia igualdad de todos ante la ley del mentado artículo 14. En cuanto a la disponibilidad general de las leyes se refiere y a modo de ejemplo ilustrativo de especial significación en la historia de nuestro constitucionalismo, ya nuestra Constitución de 1812 establecía negro sobre blanco en su artículo segundo el siguiente enunciado:

La Nación española –*y con ella sus leyes (acotación en cursiva de propia autoría)*– (.../...), no es ni puede ser patrimonio de ninguna familia ni persona.

O lo que es lo mismo en un lenguaje más llano y directo, no se debe instrumentalizar la ley para fines ajenos al interés público general como único objetivo democrático válido y legítimo a perseguir con su aprobación, toda vez que la ley en democracia es un resorte de exclusiva propiedad de todos sin distinción alguna.

El proceso metodológico seguido trae causa fundamentalmente de una interpretación jurídico-sistemática al albur de las prevenciones al respecto del artículo 3.1 del Código Civil, dedicado a la interpretación de las normas jurídicas a la hora de su aplicación, al manifestar que las normas se interpretarán según el sentido propio de sus palabras, *en relación con el contexto*, los antecedentes históricos y legislativos y la realidad social del tiempo en que han de ser aplicadas, atendiendo fundamentalmente al espíritu y finalidad de aquellas.

Es de subrayar tal y como apunta Tomás Ramón Fernández, en línea con el posicionamiento definitivo que se pretende argumentar en orden al desencaje final de dicha institución en nuestro ordenamiento jurídico, que

nuestra constitución no permite expresamente la amnistía

aunque

podría haber sido de otro modo si hubieran prosperado las dos enmiendas que se presentaron en el Congreso y en el Senado en el proceso constituyente, pero no fue así [4],

para continuar manifestando que

esas enmiendas fueron rechazadas y del derecho de gracia solo quedaron los indultos singulares [5],

---

[4] En la tramitación parlamentaria de la Constitución, la ponencia constitucional decidió expresamente excluir la amnistía del texto constitucional. En su sesión del 3 de noviembre de 1977, tras discutir y rechazar dos enmiendas de UCD y del Grupo Mixto que proponían 'atribuir a las Cortes Generales la facultad de acordar amnistías' se hizo figurar en el acta la siguiente conclusión: 'por lo que se refiere a la materia de la amnistía, se acuerda no constitucionalizar este tema', en La adulteración de las instituciones democráticas en España, Santiago Mora, Diario Vozpópuli, 20 de diciembre de 2023.

y concluyendo de manera tajante que, de aprobarse una ley de amnistía en nuestro régimen constitucional,

desde ese mismo día careceremos de Constitución [6] [7].

Su ratificación validante ulterior por el Tribunal Constitucional como intérprete supremo de ésta –aprovecho para defender la necesidad de una enmienda constitucional cara a que los miembros de algunas de las más altas magistraturas del Estado, como en nuestro caso el Tribunal Constitucional, sean elegidos por sorteo para mayores garantías, como sistema más afín y de mayor proximidad al principio democrático-relativista, y para evitar así, de este modo, su colonización política y la parcialidad ideológica, o por criterios oportunistas, de sus miembros–, supondría, como venimos diciendo –dicha ratificación validante ulterior–, la puntilla definitiva y el vernos abocados *a luctuosa tumba abierta*, a la falacia y defunción sin más del Estado de Derecho fundamentado en el solo imperio de la ley -lo cual nos dejaría a su vez, y

---

[5] Amnistía: las razones de la sinrazón, Tomás Ramón Fernández, Diario ABC, 23 de noviembre de 2023.

[6] Amnistía: las razones de la sinrazón, Tomás Ramón Fernández, Diario ABC, 23 de noviembre de 2023.

[7] Hay que recordar que la Constitución es el paraguas que protege y garantiza los derechos de ciudadanía democrática de todos sin exclusión y que sirve en consecuencia como principal argumento defensor de su existencia como contrapunto al carácter de súbditos sin derechos de las personas sometidas a regímenes autocráticos.

para más inri, fuera del Espacio Europeo de Justicia, tan solo a expensas de un último pronunciamiento del TJUE-, ratificación validante en virtud de la cual lo político absolutizado y sublimado incontroladamente, se superpondría al relativismo jurídico normativamente positivizado al margen de las reglas de la democracia y del principio democrático que las sustenta. Igual que al poder judicial se le tiene sustraído el hacer política al aplicar las leyes, el Tribunal Constitucional de España con sus resoluciones tampoco puede ni crear Derecho *ex novo*, ni hacer política legítimamente, en el solo juicio exclusivo que le compete como intérprete institucional supremo sobre su constitucionalidad.

Vienen al paso, ya para ir acabando con este apartado introductorio y como refuerzo de las líneas maestras genéricas de defensa argumental básicamente esbozadas, las palabras del sabio Cicerón [8], sincrético filósofo y reputado abogado, orador y político romano, y que, aunque manidas en exceso, no deberíamos descuidar en ningún caso por el tema de la institución que nos ocupa –antes bien al contrario marcar *a sangre y fuego* en los pilares de nuestro edificio constitucional–, al producirse *genus modus* en los siguientes términos:

---

[8] Las palabras de Cicerón sirven de advertencia a España: cuando cae la legalidad 'es el colapso total del Estado', *Diario ABC, 16 de noviembre de 2022.*

Los pueblos que ya no tienen solución, que viven ya a la desesperada, suelen tener estos epílogos letales: se rehabilita en todos sus derechos a los condenados, se libera a los presidiarios, se hace regresar a los exiliados, se invalidan las sentencias judiciales. Cuando esto sucede, no hay nadie que no comprenda que eso es el colapso total del tal Estado.

Ninguna opinión es superior –*Caesar non est supra Grammaticos* [9]–, y mucho menos si se quiere la propia jurídica que se pretende defender en la presente aproximación monográfica, en donde, por extrapolación, la ciencia jurídica ha de emplearse como sinónimo de saber y conocimiento acientífico, pero es la que modestamente entiendo que más escrupulosamente se ajusta a una recta interpretación de los términos expresamente planteados en nuestro pacto constitucional, pacto fundacional que cristaliza en nuestra Constitución y que es el que en definitiva disciplina y protege nuestras libertades como comunidad política diferenciada, a la vez de ser pieza clave y fundamental en el firme devenir de la estabilidad del edificio jurídico representado por el también nuestro ordenamiento democrático.

Afirmar como se procura la imposible constitucionalidad de la *torticera* [10] amnistía, en definitiva, pretende ve-

---

[9] ¿Qué es ser ilustrado?, Emmanuel Kant, Universidad Nacional Autónoma de México, 18 de junio de 2010.

[10] Amnistía torticera, Agustín Ruiz Robledo, Anuario Joly Andalucía, 12 de diciembre de 2024.

lar solo por la preservación del modelo constitucional y democrático que rige nuestros destinos como ciudadanía. En cuestiones nucleares en cuanto a la Constitución negativa y a los derechos de ciudadanía se refiere, no caben por tanto atajos ni atisbo alguno de aplicación de una suerte de –si cabe aún más espurio que el propio de su naturaleza conceptual primigenia–, *uso alternativo del Derecho* [11], por los graves bienes jurídicos comprometidos y por todo lo que nos jugamos desde el punto de vista del Estado de Derecho y de sus públicas libertades, y por

---

[11] El 'uso alternativo del Derecho' como recurso jurídico inapropiadamente adoptado como corriente doctrinal del *judge made law* anglosajón - en nuestro sistema de *civil law* el juez es lisa y llanamente *la bouche qui prononce les paroles de la loi*, siguiendo las pautas de Montesquieu en su obra 'El espíritu de las leyes' -, surge, fundamentado en las ideas del filósofo, periodista y uno de los fundadores del PCI italiano Antonio Gramsci, como una opción creadora de nuevas relaciones jurídicas para el desligamiento total de la norma jurídica existente - o inexistente, ya que en nuestro caso tal eventualidad haría las veces de norma jurídica constitucional previamente existente, por la omisión jurídica así querida con efectos jurídicos positivos inevitables al respecto de la prohibición de la amnistía en nuestra Constitución -, y de su necesaria y positiva recta aplicación, en función de criterios meramente ideológicos. El 'uso alternativo del Derecho' y su eventual utilización *en sentido impropio y ad hoc* en condiciones no estrictamente ideológicas, aunque sí políticas, supondría por ello una suplantación espuria y torticera, para el supuesto particular de la amnistía objeto de análisis, del poder constituyente materializado en la Constitución por parte del poder legislativo. Esta corriente doctrinal, que pone de relieve en su origen una intención manifiesta de desbancar al poder legislativo por parte del judicial, en nuestro caso y como reiteramos, para la amnistía, por su omisión deliberada que conduce a su veto como se desarrollará más adelante, y por su émula extrapolación doctrinal, desembocaría en definitiva en la usurpación ilegítima y arbitraria del constituyente por parte del poder legislativo, lo cual haría colapsar nuestra Constitución y con ella nuestro inmaculado régimen de libertades. En la misma línea, Manuel Aragón en 'La Constitución líquida', Diario ABC, 7 de junio de 2025, argumenta que, 'la Constitución no es una página en blanco en la que el legislador pueda escribir a su capricho', para luego concluir que '(.../...). Según los valedores de esa corriente, la política no debe estar sometida al Derecho, sino al revés: el Derecho a la política. En esa concepción, el Estado de derecho queda abolido, rota, pues, la unión entre Estado democrático y Estado de derecho, que es la auténtica clave de la democracia constitucional. Porque eso es lo que algunos intentan: privar de fuerza de obligar a la Norma Suprema del ordenamiento jurídico'.

ende, de una democracia social y conceptualmente siempre responsable por definición.

Como bien se apunta por Betancor [12],

liberar al poder de la sujeción a la Constitución es esclavizar

al

convertir la Constitución en maculatura [13],

aunque a la par y como igualmente se subraya por Alejandro Nieto [14],

también se sabe el precio que tienen las trampas: el fullero pierde su legitimación

–en nuestro caso democrática–, al instrumentalizar los derechos de todos para fines acentuadamente perversos y marcadamente contradictorios y contrapuestos entre sí.

Con todo, y ya como culmen, la amnistía y su encaje se podrían reducir a una explicación más llana y menos sinuosa y alambicada, para un mayor, más claro y más di-

---

[12] Indultos, amnistía, ERE, Andrés Betancor, Diario El Mundo, 15 de julio de 2024.

[13] Amnistía, ruptura, maculatura; Andrés Betancor, Diario El Mundo, 31 de mayo de 2024.

[14] Emplazamiento ante las cortes, Alejandro Nieto García, Diario ABC, 4 de diciembre de 2014.

recto entendimiento de la tesis defendida. Rememorando ahora el funcional principio metodológico-resolutivo de la *navaja de Ockham –pluralitas non est ponenda sine necessitate-* [15], en un Estado democrático y de Derecho como el nuestro, la actuación punitiva del Estado se presume siempre justa y legítima, y si no se entendiese así, la propia ciudadanía dispondría de suficientes instrumentos al respecto para restablecerla, instrumentos todos ellos fundamentados en definitiva en el derecho a la tutela judicial efectiva de jueces y tribunales consagrado constitucionalmente como tal. De ahí sin más la *preterición constitucional intencionada* de la amnistía y su final desencaje legal-constitucional por extensión.

La amnistía como olvido no puede ser ni el más triste de los silencios, ni *la paz perpetua de los cementerios* [16] en cuanto a los derechos de todos se refiere. Para uno de nuestros dos padres vivos de la Constitución, un verdadero *disparate* [17].

---

[15] Principio elaborado por Guillermo de Ockham, fraile franciscano y lógico escolástico, que establece básicamente que ante dos situaciones explicativas en igualdad de condiciones, la explicación más simple y sencilla suele ser la más probable de ser la correcta.

[16] 'La paz perpetua es el título de una obra de Kant. El título surge de la observación de una pintura satírica dispuesta por un posadero holandés en la publicidad de su albergue en la que Kant vio la imagen de un cementerio que llevaba, cuyo epígrafe era la paz perpetua', Jaime Richart, rebelion.org, 23 de abril de 2019.

[17] La amnistía es inconstitucional y un disparate, Miguel Herrero y Rodríguez de Miñón, Diario ABC, 21 de febrero de 2024.

ANTECEDENTES DOGMÁTICO-NORMATIVOS

Como antecedentes dogmático-normativos hemos de principiar señalando que

> la teoría de la separación de poderes fue tratada por diversos pensadores del siglo XVIII, como el estadounidense Alexander Hamilton, el enciclopedista francés Jean Jacques Rousseau, y el británico John Locke, quien, anticipándose a nuestro protagonista, describió antes la separación del poder legislativo y el ejecutivo y el hecho de que la autoridad del Estado debía sostenerse sobre los principios de soberanía popular y legalidad, pero su formulación práctica fue obra de Montesquieu. (.../...) Sus ideas tuvieron una influencia decisiva en la gestación y formación del sistema político democrático de los Estados Unidos y, posteriormente, en la Revolución Francesa [18].

---

[18] ¿Quién era Montesquieu, considerado el padre de la división de poderes?, Carlos Berbell y Yolanda Rodríguez, Confilegal.

Sobre este apartado y evocando a Montesquieu[19] como su principal protagonista y valedor teórico, como antecedente troncal que se presta a ser traído a colación al respecto, se encuentra el artículo 16 de la Declaración de los Derechos del Hombre y del ciudadano de 1789, por su carácter de biblia política de la modernidad y de sus democracias liberales conceptualmente inherentes por naturaleza. Dicho artículo manifiesta literalmente:

> Una sociedad en la que no esté establecida la garantía de los derechos, ni *determinada* la separación de los poderes, carece de Constitución [20],

y se expresa así en estos términos con el fin de velar en todo momento por el *gobierno de las leyes y no de las personas,* como procedería en cualquier régimen democrático que se precie como tal, siguiendo los estrictos parámetros de un principio democrático nuclear y determinante básicamente para un reconocimiento universal del mismo, *gobierno de las leyes y no de las personas* que queda ya de alguna manera categorizado por Aristóteles[21] según cita que se reproduce acto seguido:

---

[19] El espíritu de las leyes, Charles Louis de Secondat 'Montesquieu', año 1748.

[20] Conseil Constitutionnel de France.

[21] Política, Aristóteles.

Así, pues, el que defiende el gobierno de la ley parece defender el gobierno exclusivo de la divinidad y la inteligencia; en cambio, el que defiende el gobierno de un hombre añade también un elemento animal; pues tal es el impulso afectivo; y la pasión pervierte a los gobernantes.

Solo dicha *determinación* en la separación-división de poderes –de más reciente cuño y procedencia al respecto Juan-Ramón Capella [22] al afirmar que

no hay (.../...) derechos sin instituciones

plenamente *determinadas* formalmente, y con plenas dosis a su vez de *ética política democrática* complementaria y hasta necesaria, añadiría yo, ya que también

el sueño de la razón produce monstruos [23]-,

solo dicha *determinación* pues, como veníamos arguyendo para la separación-división de poderes, puede garantizar la ausencia de arbitrariedad en la toma de decisiones normativas al respecto a la hora de eventuales invasiones de otros poderes del Estado, por otra parte, siempre ne-

---

[22] Autocríticas, Juan-Ramón Capella Hernández, DOXA, Cuadernos de Filosofía del Derecho, 39, año 2016.

[23] Aguafuerte del pintor español Francisco de Goya del año 1799, perteneciente a la serie de Los caprichos.

cesarios estos últimos en cualquier Estado democrático y de Derecho como único baluarte de las libertades ciudadanas previas a proteger. Por contraposición, con la indeterminación constitucional en la separación de poderes reinaría el imperio de la arbitrariedad política y no de la ley, y sería de plena aplicación el tradicional *¿quis custodiet ipsos custodes?* [24], que conduciría a una democracia *líquida* de corte Baumaniano[25] y a la dictadura de las mayorías, que es lo que se pretende evitar desde el punto de vista de un verdadero sometimiento constitucional del poder público al Derecho en su conjunto.

Como se verá más adelante, la amnistía como constructo institucional no se encuentra recogida como medida de gracia, ni por ello *determinada* expresamente como tal en nuestro régimen constitucional, por lo que su aprobación por nuestras Cortes democráticas –como así ya ha sucedido con la mentada *Ley Orgánica 1/2024, de 10 de junio, de amnistía para la normalización institucional, política y social en Cataluña*– la convierte en plenamente *ilegítima*, al interferir directamente y de lleno en la necesaria separación de poderes, orillando al poder judicial en las funciones constitucionales y exclusivas que le son propias de *juzgar y hacer ejecutar lo juzgado*, y como único ga-

---

[24] Frase atribuida en su origen y por otro contexto para su uso a las Sátiras de Juvenal, poeta romano de los siglos I y II d. C.

[25] Por extrapolación interesada del concepto de liquidez acuñado por Bauman en varias de sus publicaciones.

rante de los derechos y libertades de todos. Pero todo esto ya se verá con mayor detalle, abundamiento y minuciosidad en el decurso del estudio como apuntamos y de su seguida *exposición razonada.*

Baste ahora cerrar este capítulo rememorando las palabras de Montesquieu[26], al declamarse al respecto con los siguientes pronunciamientos:

> Cuando los poderes legislativo y ejecutivo se hallan reunidos en una misma persona o corporación, entonces no hay libertad (.../...). Así sucede también cuando el poder judicial no está separado del legislativo y del ejecutivo,

para continuar manifestando [27]:

> Si va unido al poder legislativo –*el poder judicial se entiende, según acotación propia*–, el poder sobre la vida y la libertad de los ciudadanos sería arbitrario, pues el juez sería al mismo tiempo legislador.

Todo ello a su vez nos ayuda a ponernos en la pista de entender a la institución de la amnistía como un *reducto premoderno* impropio de regímenes democráticos. Así se infiere de la opinión de gente avezada en la materia, tales

---

[26] El espíritu de las leyes, Charles Louis de Secondat 'Montesquieu', año 1748.

[27] Del espíritu de las leyes, Charles Louis de Secondat 'Montesquieu', Ediciones Altaya, 1996.

como García Torres [28] y, legalmente y extramuros del Derecho en este último caso, para un mejor contextualizar, de Cebrián [29], entre otros tantos dignos de igual trato y egregia distinción.

---

[28] A este respecto la autora indica que, 'puede afirmarse que el derecho de gracia ha sobrevivido, de forma inexplicable en un ordenamiento jurídico como el nuestro, en el que existe separación de poderes', Los derechos de gracia en un Estado de Derecho del siglo XXI: la amnistía y el indulto, instituciones de otro siglo, María Luisa García Torres, Revista Economist & Jurist, 12 de junio de 2024.

[29] En el mismo sentido, el autor, cuando afirma que, 'el derecho de gracia es una reliquia medieval, una antigualla jurídica', La España del indulto, Juan Luis Cebrián, Diario El País, 7 de junio de 2021.

AMNISTÍA Y DERECHOS FUNDAMENTALES

1. *Amnistía y principio de igualdad (art. 14 CE)*

Cabe comenzar, a modo de recta contextualización jurídica previa, proyectando literalmente y en su totalidad el artículo 14 de nuestra Constitución cuando previene categóricamente que

> los españoles son iguales ante la ley, sin que pueda prevalecer discriminación alguna por razón de nacimiento, raza, sexo, religión, opinión o cualquier otra condición o circunstancia personal o social.

Entrando ya de lleno en el capítulo del análisis estrictamente jurídico-normativo sobre el tajante y palmario desencaje constitucional del instituto de la amnistía en nuestro régimen constitucional, tal y como se pretende sostener y resolver argumentadamente en el presente trabajo monográfico, cabe mencionar que se vulneran basalmente y *prima facie* dos artículos precisos de la Constitución, que incluyen importantes derechos fundamentales de la ciudadanía en general, tales como el artículo 14 reproducido con anterioridad y referido al derecho a la igualdad ante la ley, y ante su eventual aplicación, así como el artículo 24.1 que proclama el derecho a la tutela judicial efectiva.

En lo atinente al artículo 14 de nuestra Constitución, no cabe duda a la luz de sus pronunciamientos de que se infiere claramente que el instituto de la amnistía conculcaría la igualdad ante la ley de todo ciudadano, y por ende la propia Constitución, al derogarla temporal y discriminatoriamente *ad personam* en su versión de Constitución negativa, incurriendo en una suerte de *razón de Estado impropia,* al pretenderse ejecutar actos ilegales desde el Estado, en este caso desde la propia legalidad y con el Boletín Oficial del Estado en la mano, y no al margen de la misma y por la vía factual y no del Derecho como así sucedería con la razón de Estado en sentido propio, razón de Estado de cualquier modo siempre arbitraria por naturaleza como sinrazón de Estado contraria a la seguridad jurídica, y negativa para éste en cuanto a su calidad democrática, todo ello por tanto, y en resumen, al margen del Estado de Derecho consustancial a nuestro régimen democrático y constitucional.

Esto es así ya que cualquier trato político-legal distinto y diverso entre ciudadanos debe justificarse por una situación *jurídica* diferenciada previamente habilitante y predeterminada como tal, a la vez que debe estar motivado suficiente y bastante en causas objetivas, excepcionales y razonables [30], en términos de proporcionalidad de medios –que comprometan en su mínima expresión al propio Estado de Derecho, así como a los derechos mediatos del Estado [31] e inmediatos de su ciudadanía–, y razonabilidad de fines a perseguir, y es evidente que en nuestro caso éstas no se dan, y mucho menos por lo tanto en sus eventuales subcategorías derivadas por razones específicas, como sucedería, a modo de ejemplo, con las autoamnistías de políticos para políticos por razones ajenas al interés general [32].

---

[30] 'El juicio de razonabilidad - que incluiría el de proporcionalidad, según así lo entiendo como autor de la presente aproximación - se convierte así en el elemento determinante para poder apreciar la violación del principio de igualdad, ya que nuestra Constitución no prohíbe cualquier tipo de desigualdad, sino que lo que exige es una falta de razonabilidad para poder apreciar la existencia de una desigualdad', El régimen político español, Enrique Álvarez Conde, Editorial Tecnos, 1987.

[31] Kelsen sostiene que el Estado tiene derechos, porque los individuos tienen obligaciones respecto al Estado, respecto a la sociedad. (.../...) En opinión de Kelsen, el Estado es una persona jurídica, un sujeto activo y como tal tiene obligaciones y derechos. (.../...) los derechos interpretados como derechos del Estado son derechos de los individuos que, en su calidad de órganos del Estado, ejercen ese poder jurídico'. Véase esta cita en Yo, el Estado, Nicolás María López Calera, Editorial Trotta, 1992.

[32] A mayor abundamiento, 'el principio de igualdad jurídica ante la ley o en la ley, según doctrina reiterada del Tribunal Constitucional, impone al legislador el deber de dispensar un mismo tratamiento a quienes se encuentran en situaciones jurídicas iguales, con prohibición de toda desigualdad que, desde el punto de vista de la finalidad de la norma cuestionada, carezca de justificación objetiva y razonable o que resulte desproporcionada en relación con dicha finalidad. (.../...). En la STC 76/1990, Fj 9.º se resume de manera canónica la doctrina del Tribunal al respecto'. Véase esta cita en Los criterios jurisprudenciales del Tribunal Constitucional en la aplicación del principio general de igualdad. Características, elementos y requisitos del juicio de igualdad, con especial referencia a la materia tributaria, Álvaro Rodríguez Bereijo, vLex.com.

Como expresa Santiago Muñoz Machado [33],

> lo que inventó la Revolución Francesa fue que todos somos libres e iguales, y que la ley debe ser general y abstracta. No puede haber leyes para casos concretos.

De tal forma que la institución de la amnistía como defiende Manuel Fernández-Fontecha Torres [34] supone una

> norma de exclusión negativa que persigue un trato diferenciado por una selección cualquiera y por una causa contingente, excluyendo la aplicación general del Derecho para un grupo privilegiado.

Ya como broche final, cabe reproducir las palabras al respecto de Daniel Berzosa cuando manifiesta:

> Frente a la igualdad que garantiza la Constitución, esta ley de Amnistía supondría imponer la desigualdad, (.../...) una vuelta al pasado, al caciquismo, un sinsentido [35].

---

[33] Estamos convirtiendo la Constitución en un texto cada vez más marginal, Santiago Muñoz Machado, entrevista en el Diario El Mundo, 21 de enero de 2023.

[34] La amnistía como Constitución alternativa, Manuel Fernández-Fontecha Torres, Diario La Razón, 31 de mayo de 2024.

[35] La amnistía, la Constitución y el papel del Tribunal Constitucional, Daniel Berzosa, 7 de diciembre de 2023.

Un tanto digresivamente desde el punto de vista de los tiempos históricos planteados por Muñoz Machado, aunque en otro contexto, como bien se conoce ya desde Cicerón [36] sobre este requisito de *generalidad* de la norma,

> la ley, por su propia esencia debe ser una resolución y un mandato para todos.

1.1. La amnistía política y para políticos como subvertiente y peligroso precedente jurídico desde el punto de vista de la igualdad ante la ley

Singular relevancia protagoniza la amnistía política entre políticos y para políticos determinados en este subapartado de sus relaciones con el principio de igualdad que se consagra constitucionalmente, por el plus de inconstitucionalidad que ello acarrearía al respecto de todo lo anteriormente apuntado, ya que sentaría un grave precedente jurídico de futuro que dejaría al mero capricho temporal del poder legislativo de turno la estricta aplicación de las normas, obviando en último extremo su inviabilidad de raíz, así como el propio funcionamiento inderogable, recto y regular del Estado democrático y de Derecho consagrado en nuestro régimen constitucional, y

---

[36] Véase cita en 'Sobre si una ley de amnistía vulnera el Estado de Derecho', Rodrigo Tena Arregui, hayderecho.com, 18 de septiembre de 2023.

con ello la necesaria y rigurosa salvaguarda de los derechos del conjunto de la ciudadanía.

Es por ello que la amnistía política en los términos apuntados es, en democracia, esa peligrosa lámpara de Aladino que una vez abierta e invocada puede conducir de futuro a la liberación irreversible del *Genio*, a la pérdida total de su virginidad política, y por tanto a su tacha y mácula definitiva por la final impunidad también total de la clase política ahora convertida en casta *legibus solutus* [37], y por ende, por su irresponsabilidad social, todo ello por mor de los solos criterios coyunturales de mera oportunidad política y *de parte* manejados al uso, al margen del superior interés general representado en las leyes y el Derecho en su conjunto.

Extrapolado ahora a este asunto y tal y como se expresa por Manuel Aragón [38],

> lo que (.../...) preocupa extraordinariamente es lo que podríamos llamar la rebeldía del legislador (.../...). Posiblemente porque se cree soberano, esto es, en la definición clásica, *legibus solutus*, desatado de la ley (y de la Constitución). (.../...) A la hora de elaborar las leyes, la desnuda voluntad política, como antes dije, prevalece, en muchas ocasiones, sobre la razón jurídica, de lo que estamos teniendo diversos ejemplos, entre ellos el de la reciente ley de Amnistía. Por

---

[37] El origen de la expresión se encuentra en el jurista romano Ulpiano.

[38] El legislador desatado, Manuel Aragón, Diario ABC, 10 de julio de 2024.

eso, frente al conocido lema de la autocracia, *voluntas, non ratio, facit legem,* hay que reivindicar el principio, contrario, de la democracia constitucional, *ratio, non voluntas, facit legem.* Un legislador desatado de las exigencias constitucionales es, y la experiencia lo demuestra, un auténtico peligro para la libertad.

Cabe traer a colación, con particular acomodo a la temática singularmente planteada, a Portillo [39], cuando defiende lo que sigue:

Si resulta que la amnistía, por la que el Poder Legislativo se inmiscuye sin previsión constitucional en el espacio del Poder Judicial al decidir a quiénes se condena y a quiénes no, es una herramienta válida, se abre una puerta muy peligrosa. Mucho. (.../...) cualquier partido o alianza de estos, gracias al juego de las mayorías parlamentarias, podrá hacer lo mismo: aprobar leyes que digan que ellos, sus socios de gobierno o sus amigos pueden ser absueltos o no juzgados por los delitos que cometan. Si esto vale para unos, valdrá para otros. Y por los motivos que se quieran esgrimir entonces, pues la retórica política es solo un vestido que se cambia para cada ocasión.

El mismo autor redondea su argumentación manifestando que

---

[39] La amnistía. ¿Y ahora qué?, Fernando Portillo, Diario La Razón, 31 de mayo de 2024.

al usar nuestros representantes parlamentarios su función legislativa para excepcionar la ley penal a unos pocos, pero no al resto de ciudadanos que hayan cometido o puedan cometer esos mismos delitos, se van a producir agravios comparativos. Que unas concretas personas, aquellas que tienen el poder para ello, se sitúen por encima del resto de ciudadanos, a los que se les seguirá aplicando la ley penal tal cual, supone crear privilegios de casta (.../...), lo que nos conduce a una sociedad más desigual.

Para algunos es la rendición del Estado [40], tal y como queda prefigurado este último en nuestra Constitución [41]. Para otros supone, en definitiva, su abolición, *la abolición del Estado de derecho* [42]. En ambos casos, la justificación objetiva necesaria para contrariar legítimamente la igualdad de todos desaparecería absolutamente y por completo desde posiciones de fuerza y poder con el infausto protagonismo de tales actores públicos como beneficiarios, y no de debilidad ciudadana inherentes a la única viabilidad constitucional de un eventual y excepcional trato discriminatorio fundamentado, proporcionado y razona-

---

[40] Enmendar la amnistía y disolver partidos, Gonzalo Quintero Olivares, Diario El Mundo, 5 de enero de 2024.

[41] El artículo 1.1. de la Constitución establece que 'España se constituye en un Estado social y democrático de Derecho, que propugna como valores superiores de su ordenamiento jurídico la libertad, la justicia, la igualdad y el pluralismo político'.

[42] El CGPJ considera que la amnistía atenta contra la separación de poderes y supone la abolición del Estado de derecho, redacción de Economist & Jurist, 6 de noviembre de 2023.

ble. La ley en un Estado democrático y constitucional de Derecho es siempre, y, sobre todo –aunque no exclusivamente–, garantía de protección y *ley del más débil*, como bien queda por otra parte fijado por el profesor L. Ferrajoli en su obra *Derechos y garantías. La ley del más débil.*

No puede por tanto existir una situación de disposición de un *Derecho de autor* –o dicho en castizo, de un *Derecho de amiguetes*– para nuestros representantes públicos, que les permita arrogarse una *autoamnistía* con nombres y apellidos, y tanto menos por la *corrupción política* añadida que ello comportaría para mayor escarnio -a este respecto la propia Comisión Europea en sus Observaciones escritas de 9 de diciembre de 2024, a modo de alegaciones elevadas al TJUE por la ley de amnistía del denominado *procés* catalán, Ley Orgánica 1/2024, de 10 de junio, concluye que *la autoamnistía es contraria al principio del Estado de Derecho-*. El Estado de Derecho requiere, para evitar cesuras en su mayor y más plena vigencia y regular operatividad, de menos ventajismo y *oportunismo* político y de más pureza democrática. No puede venir dado en ningún caso que sea el malhadado dios Portuno el que rija nuestra convivencia y sus normas. Como se advierte por Llorente [43],

---

[43] Amnistía: cuando el fraude está en la ley, Ángel Llorente, Diario El Mundo, 30 de mayo de 2024.

la amnistía es una medida impersonal y, por ello, los criterios para su aplicación no pueden estar referidos directa ni indirectamente a personas determinadas.

El espurio y torticero *Derecho de autor* ataca estrechamente al núcleo central del principio democrático y de igualdad, y conduce en definitiva a la más vasta perversión del Derecho:

> Si quienes se suponen sometidos a Derecho se declaran competentes para eximir o eximirse de su cumplimiento, el Estado de derecho no equivale a nada, salvo a una útil herramienta en manos del poder para la satisfacción de sus propios fines, exigiendo o eximiendo del cumplimiento de las normas a quien le convenga. El Derecho, inicialmente pensado como una herramienta para asegurar que no se abusa del poder, acaba convertido en una herramienta para facilitar su expresión arbitraria. Nada más contrario al ideal del Estado de derecho [44],

ni a la *clementia principis* [45], que comportaría conceptualmente todo aquello que es contrario a

---

[44] Amnistías, indultos y Estado de derecho, Antonio Manuel Peña Freire, almacendederecho.org, 27 de diciembre de 2023.

[45] La amnistía antes y ahora, en La ley de amnistía: cuestiones constitucionales, Agustín Ruiz Robledo, Centro de Estudios Políticos y Constitucionales, Madrid 2024.

una torticera forma de buscar la impunidad de un grupo con el suficiente poder como para imponer sus intereses al conjunto de la sociedad [46],

tal y como así sucedería en este caso.

2. Amnistía y tutela judicial efectiva (art. 24.1 CE)

El artículo 24.1 de nuestra *Lex legum* establece que

todas las personas tienen derecho a obtener la tutela efectiva de los jueces y tribunales en el ejercicio de sus derechos e intereses legítimos,

para luego apostillar,

sin que, en ningún caso, pueda producirse indefensión.

Las relaciones directas entre el instituto de la amnistía y el derecho a la tutela judicial efectiva consagrado en el artículo 24.1 de la Constitución, en orden a la afectación claramente negativa de la primera en el núcleo duro de este último, lo que conduce claramente a su cercenamiento, se deducen sin más del propio contenido del referido

---

[46] La amnistía antes y ahora, en la Ley de amnistía: cuestiones constitucionales, Agustín Ruiz Robledo, Centro de Estudios Políticos y Constitucionales, Madrid 2024.

derecho a la tutela judicial efectiva, contenido que, como se aduce a continuación,

de forma muy sucinta se podría estructurar, siguiendo a los profesores De Esteban y González-Trevijano, de la siguiente forma. En primer lugar, tenemos el derecho de libre acceso a los Jueces y Tribunales; en este sentido la STC 223/2001 señala que "desde la STC 37/1995, de 7 de febrero, este Tribunal ha venido reiterando que el núcleo del derecho fundamental a la tutela judicial proclamado por el artículo 24.1 CE consiste en el acceso a la jurisdicción"; con idéntico sentido encontramos también las SSTC 73/2004, 237/2005, 119/2008, 29/2010. Ello implica tres cuestiones; primera, dirigirse al órgano judicial competente; segunda, la admisión de cualquier tipo de pretensión -independiente es evidentemente que prospere o no-; tercera y última, el costo de los procesos no puede ser un obstáculo (el artículo 119 de la Constitución consagra la justicia gratuita en los términos que establezca la ley, en concreto, la Ley 1/1996, de 10 de enero, de asistencia jurídica gratuita). En segundo lugar, está el derecho a obtener una sentencia que ponga fin al litigio suscitado en la instancia adecuada (SSTC 144/2003, 290/2006, 24/2010). En tercer término, el derecho al cumplimiento de la sentencia (artículos 117.3 y 118 CE y SSTC 224/2004, 282/2006, 20/2010). Por último, en cuarto lugar, el derecho a entablar los recursos legales (SSTC 37/1993, 111/2000, 21/2002, 59/2003) [47].

---

[47] App.congreso.es, synopsis artículo 24.

Especial mención final requiere, por este apartado sobre las imposibles relaciones de convivencia que se afirman entre el instituto legal de la amnistía y el derecho constitucional a la tutela judicial efectiva, la STC 1/2018 de 11 de enero, cuando resuelve al respecto del contenido y alcance de este derecho a la tutela judicial efectiva que

> al ser el derecho a la tutela judicial efectiva un *derecho prestacional de configuración legal*, su ejercicio y efectividad están supeditados a la concurrencia de los presupuestos y requisitos que, en cada caso, haya establecido el legislador, que no puede, sin embargo, fijar obstáculos o trabas arbitrarios o caprichosos que impidan la tutela judicial garantizada constitucionalmente. (STC 17/2008, de 31 de enero, FJ3, por todas) [48].

Es evidente por tanto que una ley del tenor y jaez de una ley de amnistía es plenamente *arbitraria,* y por tanto *caprichosa* según los sobrados argumentos que se vierten, al vulnerarse el derecho a la tutela judicial efectiva de todo ciudadano *qua* derecho de libertad, el cual quedaría por tanto vacío de contenido en su necesaria confrontación por ambos a dos bienes jurídicos puestos en balanza, a saber, amnistía y tutela judicial efectiva, en detrimento, por extensión, de las libertades de todos, según quedan instrumentalizadamente paccionadas fundacional y so-

---

[48] www.iberley.es/jurisprudencia.

cialmente desde el punto de vista de su plasmación en la norma constitucional.

OTRAS GRAVES VIOLACIONES NORMATIVO-CONSTITUCIONALES DE LA AMNISTÍA

1. Amnistía e interdicción de la arbitrariedad[49] (art. 9.3 CE)

La interdicción-prohibición de la arbitrariedad de los poderes públicos se encuentra establecida en el artículo 9.3 de nuestra Carta Magna al manifestar el mismo que

> la Constitución garantiza el principio de legalidad, la jerarquía normativa, la publicidad de las normas, la irretroactividad de las disposiciones sancionadoras no favorables o restrictivas de derechos individuales, la seguridad jurídica, la

---

[49] 'La noción de interdicción de la arbitrariedad fue acuñada por Leibholz en 1928 para ofrecer un criterio con el cual ponderar el respeto por el legislador del principio de igualdad. El principio de igualdad significaría, en definitiva, de acuerdo con ello, la prohibición de la arbitrariedad, de las diferenciaciones carentes de una razón de ser justificada', ¿Es inconveniente o inútil la proclamación de la interdicción de la arbitrariedad como principio constitucional? Una nota, Eduardo García de Enterría, Revista de Administración Pública nº 124, enero-abril de 1991.

responsabilidad y la interdicción de la arbitrariedad de los poderes públicos.

Con dicha protección constitucional ciudadana, como bien queda establecido en la STC 27/1981 de 20 de julio, y utilizada ahora particularmente en su relación con la institución de la amnistía como objeto de análisis y confrontación constitucional,

> el acto del (*poder*) legislativo se revela arbitrario, aunque respetara otros principios del 9.3, cuando engendra desigualdad,

cuestión ésta, por otra parte –la de la desigualdad y su proscripción constitucional–, ya abordada anteriormente.

Todo ello conduce a afirmar por tanto que la amnistía trastoca, adultera y pervierte, y, en consecuencia, es contraria a la Constitución, al contravenir de pleno la jerarquía normativa, la seguridad jurídica, y en definitiva y por todo ello, la superior interdicción de la arbitrariedad de los poderes públicos con gran abuso y *desviación de poder* [50].

Kelsen [51] llega a ir más allá, y tilda de verdadero *golpe de Estado* este tipo de comportamientos de los poderes

---

[50] Ley de amnistía: ¿Cuestión de inconstitucionalidad o cuestión prejudicial europea?, Jaime Lozano Ibáñez, Economist & Jurist, 2 de marzo de 2024.

[51] Kelsen y el golpe de Estado, Juan-José López Burniol, Diario La Vanguardia, 3 de noviembre de 2018.

públicos mutacionales y normativamente constructivistas al margen totalmente del Derecho, y que desembocan en consecuencia en la grave vulneración del principio de interdicción de la arbitrariedad de los poderes públicos como principal paraguas protector y clave de bóveda de los derechos constitucionalmente configurados de ciudadanía democrática, cuando se postula del siguiente tenor:

> Una revolución, en el sentido amplio de la palabra, que abarca también el golpe de Estado, es toda modificación no legítima de la Constitución –es decir, no efectuada conforme a las disposiciones constitucionales– (.../...).

Para ir concluyendo con este apartado, valga la cita de Ruiz Robledo [52], cuando expresa que

> la arbitrariedad designa el gobierno sin reglas y límites, de tal forma que un poder arbitrario es el reino del despotismo,

además de una seria afrenta para las sacrosantas libertades de todos.

Evocando a Beccaria [53],

---

[52] La arbitrariedad del poder: la palabra y la idea en la historia constitucional, Agustín Ruiz Robledo, Revista de Estudios Histórico-Jurídicos, Sección historia del pensamiento político, XLIII, Valparaíso, Chile, 2021.

[53] Cita de Cesare Beccaria en Constitución, Economía y Estado social de derecho, José Gregorio Hernández Galindo, Revista de la Academia Colombiana de Jurisprudencia, Revista nº 374, julio-diciembre de 2021.

una cosa no es justa por el hecho de ser ley. Debe ser ley porque es justa,

en el sentido de justificada objetiva, normativa y jerárquicamente, ya que de lo contrario y como asevera Locke [54], no sin cierta y abundante razón,

allí donde termina la ley, empieza la tiranía.

Expresiones tales como *reducción del poder al Derecho* o *imperio del Derecho* [55], son expresiones que jalonan la historia de la evolución hacia la más plena juridificación posible del poder, para evitar así, de este modo, que la democracia devenga en una simple mascarada y en un juguete instrumental no teleológico de las verdaderas relaciones de poder materialmente existentes, todo ello enmarcado a su vez en el paulatino, gradual y perpetuo proceso de perfeccionamiento ínsito a cualquier Estado democrático y de Derecho. Se trata en definitiva de expresiones que, por otra parte, vienen al caso ahora medidamente al respecto del desencaje sostenido de la amnistía en nuestro orden constitucional, por su más que evidente y palmaria arbitrariedad según queda sobradamente documentado.

---

[54] Segundo tratado sobre el Gobierno Civil: un ensayo acerca del verdadero origen, alcance y fin del gobierno civil, John Locke, 1689.

[55] Administrar y juzgar: dos funciones constitucionales distintas y complementarias, Luciano Parejo Alfonso, Editorial Tecnos, 1993.

1.1. Amnistía y principio de seguridad jurídica (art. 9.3 CE)

En cuanto a las relaciones entre la institución jurídica de la amnistía y el principio de seguridad jurídica establecido en el mismo artículo 9.3 de nuestra Carta Magna, y reproducido como tal con anterioridad, nuestro Tribunal Constitucional ya tiene algún pronunciamiento al respecto, como el propio establecido por la STC 147/1986, de 25 de noviembre, o como en la STC 106/2022, de 13 de septiembre, pronunciamientos que sirven para definir la seguridad jurídica como, en

> un plano objetivo como la certeza sobre el ordenamiento jurídico aplicable y los intereses jurídicamente tutelados (.../...); pero, además, desde una perspectiva subjetiva como la expectativa razonablemente fundada del ciudadano en cuál ha de ser la actuación del poder en la aplicación del Derecho (.../...).

A su tenor, y como indica Rodríguez-Zapata [56],

> nuestro Tribunal Constitucional declara hoy que la amnistía es una derogación retroactiva de leyes penales, por lo que comporta un régimen excepcional propio del periodo de la consolidación de nuevos valores en la transición de un régimen autoritario a otro democrático. Por eso se declaró in-

---

[56] La amnistía, el caballo de Troya contra la Constitución, Jorge Rodríguez-Zapata Pérez, Diario El Mundo, 14 de noviembre de 2023.

constitucional, por contraria al principio de seguridad jurídica (art. 9.3 CE),

para continuar manifestando que

el artículo 243 de la Constitución de Cádiz del 19 de marzo de 1812 –que también rigió en Sudamérica– declaraba ya que ni las Cortes ni el Rey podrán ejercer en ningún caso las funciones judiciales, avocar causas pendientes, ni mandar abrir los juicios fenecidos. 200 años después sentimos resurgir el grito de ¡Viva la Pepa!,

toda vez que

una institución de la enjundia de la amnistía tiene que estar prevista en forma expresa en la Constitución, porque se entromete en la reserva de jurisdicción que corresponde exclusivamente hoy –como en el Cádiz de 1812– a los juzgados y tribunales (artículo 117.3 CE), y atenta contra la seguridad jurídica (.../.../ y el Estado social y democrático de Derecho,

a lo que por tanto acaba apostillando:

Toda amnistía produce inseguridad y, cuando las normas penales son inseguras, nuestra libertad es insegura.

Dentro de este apartado de la seguridad jurídica podríamos incluir el concepto de *mutación constitucional* que ocasionaría la inclusión legal de la institución de la amnistía en nuestra Constitución, cuestión que como tal –la de la mutación constitucional–, ya habría acontecido lamentablemente, siguiendo los posicionamientos que se defienden, con la reciente promulgación de la Ley de Amnistía [57].

Para mayor detalle conceptual al respecto, como bien se indica por Jiménez de Parga[58],

> por mutación constitucional hay que entender, de acuerdo con la doctrina del Tribunal Constitucional alemán de Karlsruhe, un cambio del contenido de la norma que, conservando la misma redacción, adquiere una significación diferente,

para continuar arguyendo:

> Lo preferible, en suma, es acometer las reformas siguiendo los caminos que en la propia Constitución se han establecido,

ya que, de lo contrario, y como apuntilla Muñoz Machado [59],

---

[57] Para el concepto de mutación constitucional: Estamos convirtiendo la Constitución en un texto cada vez más marginal, Santiago Muñoz Machado, Entrevista en el Diario El Mundo, 23 de enero de 2023.

[58] Reforma y mutaciones constitucionales, Manuel Jiménez de Parga, Diario El Mundo, 25 de agosto de 2011.

[59] Estamos convirtiendo la Constitución en un texto cada vez más marginal, Santiago Muñoz Machado, Entrevista en el Diario El Mundo, 23 de enero de 2023.

si no se hacen las reformas, lo que sucede es que la Constitución no es la norma superior, no es la que rige,

quedando ésta *maltrecha* [60], con el serio peligro y grave amenaza que ello puede acarrear para la necesaria seguridad jurídica, y por ende para las libertades públicas en general, en tanto que principal objeto de salvaguarda constitucional.

1.2. *Amnistía y principio de jerarquía normativa (art. 9.3 CE)*

Por las mismas razones en cierto sentido que las apuntadas en apartados anteriores, y a las que nos referimos en este punto exprofeso para abundar en el detalle de las relaciones entre amnistía y el principio de jerarquía normativa, según queda establecido en el artículo 9.3 de nuestra Constitución ya citado literalmente con anterioridad, la institución de la amnistía en nuestro ordenamiento jurídico no procede tampoco, por romper con este principio de jerarquía normativa, ya que lo que lo que no existe *expresamente* como tal en la Constitución –y la institución de la amnistía ya hemos indicado que se descartó su inclusión por improcedente en un sistema democrático y de libertades–, no puede ser desarrollado por los

---

[60] Una Constitución maltrecha, Araceli Mangas Martín, Revista El Cronista del Estado Social y Democrático, diciembre de 2023-enero de 2024.

poderes públicos legalmente, ni por disposiciones de rango inferior de manera subordinada, todo ello en virtud de un principio de libertad determinante y básico de la ciudadanía con derechos, que veda cualquier actuación de los poderes públicos en tal sentido y frente a tamañas circunstancias, de no existir una habilitación previa, precisa y expresa desde el punto de vista de la superior jerarquía constitucional [61].

La amnistía en tales circunstancias supondría inexorablemente, por *antijurídica* -además de *inmoral,* para una mejor contextualización holística- [62], una auténtica *derogación de la Constitución española* [63].

2. Amnistía y principio absolutizado constitucionalmente, por no excepcionado, de exclusividad jurisdiccional (art. 117.3 CE)

El principio de exclusividad jurisdiccional, o principio de división de poderes, queda promulgado como tal en el

---

[61] Viene al caso reproducir el artículo 1.2. del Código Civil al prevenir que, 'carecerán de validez las disposiciones que contradigan otra de rango superior'.

[62] Una amnistía inmoral y antijurídica, Luis Rodríguez Ramos, Diario ABC, 26 de junio de 2024.

[63] Por qué la Ley de Amnistía es una derogación de la Constitución española y una suplantación antidemocrática del poder constituyente, José María Pernas Alonso, Revista de Derecho Público n° 175/176, año 2023.

artículo 117.3 de la Constitución, el cual se expresa en los siguientes términos:

> El ejercicio de la potestad jurisdiccional en todo tipo de procesos, juzgando y haciendo ejecutar lo juzgado, corresponde exclusivamente a los Juzgados y Tribunales determinados por las leyes, según las normas de competencia y procedimiento que las mismas establezcan.

Tras este necesario preámbulo para *poner en suerte* y en debido contexto la cuestión suscitada, conviene afirmar que la amnistía, por otro lado, erosiona, cuando no cercena de lleno, la separación de poderes y el sistema de los *checks and balances*, en tanto que *frenos de emergencia* o *estabilizadores automáticos sistémicos* necesarios, por definitorios, en cualquier Estado que se categorice como de constitucional, democrático y de Derecho, y establecidos como tales instrumentos para evitar, de tal manera, cualquier conato de tentativa de solución política autocrática al margen de las leyes y del Derecho. Particularmente, en su razón y consecuencia, la amnistía contraviene y conculca igualmente el propio principio de exclusividad jurisdiccional, proclamado frente a los restantes poderes del Estado –ejecutivo y legislativo– al no contar, a diferencia del indulto, con apoyatura constitucional alguna que habilite expresamente al legislador para tan disruptiva injerencia.

Como se apunta con sumo acierto por Francesc de Carreras[64],

> la amnistía no solo no figura en la Constitución, sino que hay muchas razones para considerar que tácitamente está prohibida. El art. 117.3 CE establece que el ejercicio de la potestad jurisdiccional (.../...) juzgando y haciendo ejecutar lo juzgado, corresponde exclusivamente a los Juzgados y Tribunales (.../...). Subráyese el *exclusivamente*.

En igual sentido Muñoz Machado[65], cuando llega a afirmar que

> en un Estado de derecho todo debe estar sometido a la ley. No hay ninguna decisión que pueda estar exenta del control judicial,

para luego concluir:

> Mientras esté en pie la Corona, la Administración Pública y la Justicia –*nótese la importancia que le atribuye al control judicial efectuado por el Poder Judicial de cualquier decisión de los poderes públicos*–, el Estado estará en buenas manos.

---

[64] Crónica de una inconstitucionalidad anunciada, Francesc de Carreras, Diario The Objective, 30 de mayo de 2024.

[65] Estamos convirtiendo la Constitución en un texto cada vez más marginal, Santiago Muñoz Machado, Entrevista en el Diario El Mundo, 21 de enero de 2023.

Del mismo tenor, Ruiz Robledo[66]:

> La Constitución crea una reserva de jurisdicción para jueces
> y magistrados que solo puede ser excepcionada si la propia
> Constitución la prevé. El indulto no podría existir si no estu-
> viera en el texto constitucional. No estando prevista la am-
> nistía, el legislador no puede realizarla.

El mismo Ruiz Robledo[67] abunda en el mismo argumento al resalir que

> el silencio sobre la amnistía, en un Estado de Derecho respe-
> tuoso con la separación de poderes y el monopolio jurisdic-
> cional de jueces y tribunales, solo puede interpretarse como
> un rechazo explícito a la amnistía,

argumento que reviste a su vez con Derecho comparado:

> El Derecho comparado refrenda esta interpretación: los que
> ponen como ejemplo a Francia y Portugal como estados de-
> mocráticos que han aprobado leyes de amnistía olvidan que
> las Constituciones de los dos países no solo las recogen ex-

---

[66] Beccaria, la amnistía y el progreso, Agustín Ruiz Robledo, El Diario de Sevilla, 8 de noviembre de 2023.

[67] Si el Gobierno quiere amnistiar a Puigdemont debe reformar la Constitución, Agustín Ruiz Robledo e Inmaculada Ramos Tapia, Diario El Español, 30 de agosto de 2023.

presamente, sino que lo hacen al margen de la potestad legislativa [68].

Cabe ahora mencionar las palabras de García-Trevijano [69] al respecto, cuando señala que

> desde luego es completamente inconstitucional que el legislador impida de este modo al poder judicial ejercer su función, pues ello contraviene el principio de separación de poderes (.../...), y hasta entra en colisión con principios esenciales al deslegitimar a la Constitución misma a base de derrumbar la estructura del Estado de Derecho que de ella deriva.

En igual línea, Conde[70], cuando sostiene que la amnistía vulnera el

---

[68] Al hilo del Derecho comparado, vienen al caso las palabras de Álvaro Redondo Hermida como Fiscal del Tribunal Supremo, al pronunciarse en el Diario La Razón de 15 de octubre de 2023 en su artículo de opinión 'Una nueva ley de amnistía es inconstitucional', manifestando que, 'no puede negarse que hay países europeos, como Italia, en que se permite la adopción de una ley de amnistía (Constitución, artículo 79), estrictamente limitada por el Derecho Internacional (.../...). Pero no es el caso de España, que en uso de su soberanía, ha excluido categóricamente toda amnistía posterior a la Constitución'.

[69] ¿Amnistía?, José Antonio García-Trevijano Garnica, Diario El Debate, 11 de septiembre de 2023.

[70] Una amnistía claramente inconstitucional, Vicente Conde Martín de Hijas, Diario El Mundo, 8 de enero de 2024.

principio constitucional de división de poderes, por lesión por el legislativo del ámbito constitucional del poder judicial.

El monopolio de la potestad jurisdiccional de Jueces y Magistrados de Carrera que son los que constituyen el Poder Judicial, por todo lo planteado, solo puede ser exclusivamente excepcionado de manera expresa en nuestra ley de leyes, en tanto que voluntad notoria e incontrovertible del constituyente al respecto, como así sucede con otras medidas de gracia tales como el indulto individual, que, aunque contrarias al actuar legítimo que se presume de todo Estado de Derecho y de su respuesta penal en lo concreto ante hechos tipificados como delictivos, sí que están contempladas y reguladas positiva y constitucionalmente, circunstancia esta que, por contra, no se da en modo alguno para el caso que nos ocupa de la amnistía.

Del mismo modo, la doctrina del Tribunal Constitucional al respecto del principio de exclusividad jurisdiccional positiva –también denominado principio de reserva de jurisdicción–, va en la línea matizada de lo sostenido en perjuicio de la viabilidad constitucional de la amnistía, al establecer básicamente que, al no tratarse de un principio absoluto, éste no veda que el legislador pueda dictar una regulación de tipo *general*. Todo lo contrario, por ello a una amnistía legal, la cual por su propia naturaleza como instituto normativo no sería de aplicación general, y sí de sola aplicación injustificada y discriminatoria a determinados y selectos ciudadanos en lo concreto, al margen del común de la ciudadanía y del interés público en general tutelado en las leyes.

Procede ahora igualmente dar protagonismo por tanto a la STC 3/2023, de 9 de febrero, cuando dispone que

> el principio de exclusividad jurisdiccional (al que algunos autores denominan principio de exclusividad en sentido negativo) es el reverso del principio de reserva de jurisdicción. Del mismo modo que este supone que solo los juzgados y tribunales establecidos por las leyes pueden ejercer la potestad jurisdiccional, aquel significaría que los juzgados y tribunales no pueden ejercer más función que la jurisdiccional. No obstante, este no es un principio absoluto en nuestro ordenamiento jurídico.

Cohonestada con ésta, la STC 106/2022, de 13 de septiembre, cuando se pronuncia en los siguientes términos complementarios:

> El principio de exclusividad de jueces y magistrados en el ejercicio de la actividad jurisdiccional (art. 117.3 CE), o el derecho a la tutela judicial efectiva (art. 24.1 CE) - (.../...) -, no vedan que el legislador pueda dictar una regulación *general*.

Por todo lo apuntado, una vez más, y como máxima a colacionar contraria a la desautorización, deslegitimación, ominosa desconsideración levantisca, cesarista y neroniana por absolutista y antidemocrática, y *supresión* [71] en definitiva del poder judicial que supone el instituto de la amnistía, *ubi non est iustitia, ibi non potest esse ius* [72].

____

[71] Carmen Calvo, exvicepresidenta primera del Gobierno, fue rotunda en abril de 2021 al afirmar en el Senado que la amnistía no es planteable en un Estado constitucional y democrático, porque sería 'suprimir' el poder judicial, Diario El Confidencial, 7 de septiembre de 2023.

[72] Donde no hay justicia, no puede haber derecho.

LA AMNISTÍA LEGAL COMO RESERVA IMPROPIA E ILEGÍTIMA DE PODER CONSTITUYENTE

Nuestro sistema constitucional, así como cualquier otro que se precie como tal según los estándares de calidad democrática al uso así convenidos, no permite otorgar al poder legislativo una reserva impropia y sin consensos suficientes y necesarios de *poder constituyente* que pueda devenir en la aprobación de una ley de amnistía, al no existir ésta como tal recogida previa y *expresamente* como ya hemos manifestado con anterioridad en la propia Constitución, ya que de aprobarse por el poder legislativo en tales condiciones –como así ya ha sucedido con la *Ley Orgánica 1/2024, de 10 de junio, de amnistía para la normalización institucional, política y social en Cataluña–*, este hecho supondría una extralimitación institucional grave, que convertiría dicha aportación legislativa del poder legislativo en ilegítima a todas luces, con todas sus nefandas consecuencias en Derecho para las libertades ciudadanas del conjunto de la población como hemos venido insistiendo.

Como se apunta por Carmona [73],

> la ley gozaría de presunción de constitucionalidad como cualquier otra, y llegado el caso, incluso podría ser avalada por el Tribunal Constitucional. Y, sin embargo, el desgarro causado al Estado de derecho traería consigo una merma considerable de la legitimidad del sistema democrático instaurado por nuestra Constitución.

Para ultimar con este breve apartado, baste con resaltar la contundente aserción de Pernas Alonso[74], cuando llega a calificar de manera concluyente tamaña enormidad como de

> suplantación antidemocrática del poder constituyente,

lo que conduce finalmente a asegurar de una manera tajante que no se puede constitucionalizar impropiamente *in itinere* aquello que no quiso ser constitucionalizado *ab*

---

[73] La amnistía, la Constitución, el fin y los medios, Ana M. Carmona, Diario El País, 2 de noviembre de 2023.

[74] Por qué la Ley de Amnistía es una derogación de la Constitución española y una suplantación antidemocrática del poder constituyente, José María Pernas Alonso, Revista de Derecho Público n° 175/176, año 2023.

initio en la hora y momento de nuestro pacto constitucional [75].

[75] Véase para mayor abundamiento el artículo 'No se reguló la amnistía en la Constitución Española adrede' de Ibor Fernandes Romero, Diario La Razón, 13 de septiembre de 2023.

AMNISTÍA Y PRINCIPIOS NORMATIVOS DE INTER-PRETACIÓN CONSTITUCIONAL

Entrando ahora al abordaje sin mayores prolegómenos de la carpeta de los principios normativos de interpretación constitucional, como se apunta por Portocarrero Quispe[76],

> las normas constitucionales son un conjunto de normas jurídicas cuya interpretación se ajusta a las reglas, principios y formas de interpretación jurídica en general [77],

---

[76] La interpretación constitucional como caso especial de la interpretación jurídica, Jorge Alexander Portocarrero Quispe, Eunomía. Revista en Cultura de la Legalidad, Núm. 24, 2023.

[77] Cabe recordar que entre las fuentes del derecho establecidas en el artículo 1.1. del Código Civil se encuentran los 'principios generales del derecho' por orden de prelación, 'sin perjuicio de su carácter informador del ordenamiento jurídico', tal y como se dispone en el artículo 1.4. del mismo corpus legal, siempre después de la ley y de la costumbre, ambas a dos prioritarias respectivamente como fuentes normativas.

que en último extremo y por lo que singularmente a los principios se refiere, sirven a su vez para delimitar y prefigurar, juridificando taxativamente, el ámbito de actuación de los poderes públicos en sus relaciones con los individuos particulares como sujetos libres y por ello titulares de derechos y obligaciones, para salvaguardar de este último modo los iguales derechos de los demás.

Dichos principios generales se derivan en su aplicación normativa del artículo 1.1 de nuestro Código Civil como fuente alternativa y subsidiaria de Derecho, así como particularmente del artículo 9.1 de nuestra norma fundamental al manifestar que

> los ciudadanos y los poderes públicos están sujetos a la Constitución y al resto del ordenamiento jurídico,

circunstancias ambas que incluyen el sometimiento a la ley y al Derecho en general como inclusivo este último de tales principios normativos generales, si se colige *sistemáticamente* el mencionado artículo 9.1 con el artículo 103.1 de la propia Constitución –el cual establece dicho *sometimiento pleno a la ley y al Derecho* para la Administración Pública–, para así lograr un mejor entendimiento sobre su contenido y alcance definitivos.

Para un mayor profundizar y al hilo de lo apuntado, cabe subrayar como se explicita por Saiz Arnaiz[78]:

---

[78] Arbitrariedad del legislador y ámbito objetivo de aplicación de la Ley Orgánica de amnistía para la normalización institucional, política y social en Cataluña, en La ley de

García de Enterría llevó más lejos su discurso al afirmar que la prohibición de arbitrariedad exige que en cualquier decisión del poder público se hagan presentes los valores superiores del ordenamiento jurídico enunciados en el artículo 1 CE, y los menores, presentes cada uno en las distintas ramas del Derecho y en todas y cada una de sus instituciones, una explícita alusión a los principios generales del Derecho.

En igual sentido, Simón Yarza[79], cuando arguye:

Como norma suprema, la Constitución prohíbe legislar frontalmente en contra de cualquiera de sus preceptos, sean reglas o principios,

para luego redondear el razonamiento concluyendo que,

privar al legislador de auténtica vinculación jurídica, y no sólo política, a los principios que vertebran el orden constitucional, es inaceptable.

Procede finalmente mencionar que el principio fundamental sobre todos los demás, que es su vez *derecho y principio*, y que mencionaremos ahora sucintamente dado que ya ha sido escrutado como tal en momentos anterio-

---

amnistía: cuestiones constitucionales, Centro de Estudios Políticos y Constitucionales, Alejandro Saiz Arnaiz, Madrid, 2024.

[79] Amnistía anticonstitucional, Fernando Simón Yarza, Diario Libertad digital, 8 de septiembre de 2023.

res por su indudable trascendencia, es, sin lugar a duda, según el recién referido García de Enterría[80], el principio de igualdad, sobre el cual remata tajante y tundente en los siguientes términos de literalidad:

> Otros principios se revelan como límites directos más inmediatos y operantes, como el fundamental principio de igualdad.

1. A contrario sensu, *qui potest plus, potest minus*

Mención primera *a contrario sensu* concita el principio general del derecho *qui potest plus, potest minus*, principio que nos lleva a concluir la prohibición según una interpretación *sistemática* de acompañamiento del instituto de la amnistía, todo ello fundamentado en el artículo 62.i) de la Carta Magna al prever que

> corresponde al Rey: (.../...) ejercer el derecho de gracia con arreglo a la ley, que no podrá autorizar indultos generales.

Tan es así por cuanto en virtud de la aplicación a los poderes públicos en general, y al poder legislativo en particular, del principio referido para este supuesto de la

---

[80] La lucha contra las inmunidades del poder en el derecho administrativo (poderes discrecionales, poderes de gobierno, poderes normativos), Eduardo García de Enterría, RAP, núm. 38, mayo-agosto de 1962.

amnistía, quien no puede lo menos –indulto general–, tanto menos debe poder lo más –la amnistía, que supone el borrado, en este caso por ley de eficacia acotada en el tiempo y para personas concretas del delito–.

Como se expresa por Redondo Hermida[81]:

> La Nación española ya se ha pronunciado, al aprobar la Constitución, prohibiendo expresamente los indultos generales (.../…) cuyo alcance es menor, al extinguir la pena del delito cometido (.../…), efecto que se encuentra comprendido en la amnistía, que además de suprimir la pena si ya hubiese sido impuesta, borra la existencia misma del delito y todas sus consecuencias (.../…). Por todo ello podemos afirmar, con absoluta certeza jurídica, que adoptar cualquier modalidad de amnistía significa violar, directa y frontalmente, la Constitución Española vigente.

O como cuando también se expresa en igual sentido[82], manifestando que,

> el Tribunal Constitucional sostiene una posición contraria a la constitucionalidad de una nueva ley de Amnistía, sin perjuicio de la plena validez actual de la ley adoptada durante la Transición. En este sentido, el Auto del Tribunal Constitu-

---

[81] Una nueva ley de amnistía es inconstitucional, Álvaro Redondo Hermida, Diario La Razón, 15 de octubre de 2023.

[82] Una nueva ley de amnistía es inconstitucional, Álvaro Redondo Hermida, Diario La Razón, 15 de octubre de 2023.

cional 321981, de 25 de marzo (.../...), proclama que la adopción legislativa de medidas generales de gracia se encuentra actualmente prohibida por el artículo 62 de la Constitución, norma fundamental que ha instaurado un nuevo orden jurídico-político, dentro del cual carecen de sentido, resultando así inadmisibles, las medidas de gracia generales.

Así mismo y en igual sentido, Enrique Gimbernat[83]:

El argumento principal –aunque no el único– contra la constitucionalidad de la amnistía en nuestro Derecho deriva de uno *a minori ad maius:* si el artículo 62.i) de la Constitución Española (CE) prohíbe los indultos generales, con mayor motivo tiene que prohibir las amnistías que constituyen una medida de gracia todavía más generosa que aquéllos.

De igual alcance, Torres Peral[84]:

En nuestra Constitución están prohibidos expresamente los indultos generales y, por ello, también la amnistía, aunque los contorsionistas constitucionales insistan en lo contrario.

---

[83] Una crítica a la Proposición de Ley Orgánica de amnistía, Enrique Gimbernat, Diario El Español, 8 de enero de 2024.

[84] Amnistía en el exterior, Tomás Torres Peral, Diario La Razón, 12 de noviembre de 2023.

2. *Ubi lex non distinguit, nec nos distinguere debemus*

El siguiente principio que viene al caso objeto de estudio consiste en el de *ubi lex non distinguit, nec nos distinguere debemus*, o lo que es lo mismo, de no existir una distinción *jurídica* expresa en la ley –en nuestro caso constitucional como ley de leyes, con la consagración, definición, alcance y términos finales de la institución de la amnistía–, dicha institución no existe jurídicamente, y por lo tanto el silencio intencionado del poder constituyente al respecto, deviene en la imposibilidad –y yo diría siguiendo una lógica elemental proscripción–, de cualquier eventual desarrollo legislativo de la misma, al primarse por encima de la ley los principios de libertad, los cuales vencen por ello inexorablemente ante dicha evidencia de inexistencia, y como de previos en cualquier caso a toda clase de regulación convencional constitutiva alguna.

Sobre dicho principio cobra especial relevancia, ahora en este punto, citar la sentencia del Tribunal Supremo, STS 575/2020 –entre otras tantas de igual tenor–, de 28 de mayo, la cual dispone por la parte que nos interesa, que

> si la norma no contiene diferencias, el intérprete no puede aplicar unas que el ordenamiento no contempla, según el viejo principio *ubi lex non distinguit, nec nos distinguere debemus*, también recogido bajo la expresión, *ubi lex voluit dixit, ubi noluit tacuit.*

3. *Ubi lex voluit dixit, ubi noluit tacuit*

Con este otro principio general del Derecho, como *primo hermano* del anterior, y por tanto como igual regla restrictiva de interpretación jurídica,

> si la voluntad de la ley hubiera sido introducir algo, lo hubiera establecido expresamente y al no hacerlo se entiende que lo ha excluido deliberadamente. La STS 3ª, de 29-IX-2010, rec. 683/2007, aclara: la labor del intérprete no puede limitarse a identificar la voluntad del legislador, cuya actividad, por otro lado, quedó consumada con la objetiva creación del precepto, el cual pasa a ser el reflejo de aquella *ubi lex voluit dixit, ubi noluit tacuit*, sino que ha de averiguar la que se conoce como *voluntas legis*, esto es, la voluntad objetiva e inmanente en el texto promulgado [85].

A este respecto García-Trevijano[86] ahonda en la misma línea cuando reafirma que la amnistía como institución

> solo cabría si estuviera prevista como regulación general del derecho de gracia, lo que no solo no sucede, sino que lo impide la Constitución, como acaba de explicar magistralmente Rodríguez Zapata, magistrado del TS y del TC, en El Mundo del día 14 de noviembre de 2023.

---

[85] Diccionario panhispánico del español jurídico, RAE, 2023.

[86] Y llegó el texto de la anunciada Ley Orgánica de Amnistía, José Antonio García-Trevijano Garnica, Diario El Debate, 17 de noviembre de 2023.

4. Quae non sunt permissa, prohibita intelliguntur

Finalmente cabe avocar este último de los principios de interpretación constitucional como principio estereotipo y de valor crucial en pro de la improcedencia constitucional de la institución de la amnistía que se analiza, el cual en su literalidad viene a manifestar, como se apunta por Tomás Ramón Fernández [87] que

> en un Estado de libertades los ciudadanos pueden hacer todo aquello que las normas no les prohíben expresamente porque el principio, la regla general, es la libertad. *Permissum quia non prohibitur.* Para el poder, en todas sus posibles manifestaciones, la regla es exactamente la contraria: los órganos y las autoridades legislativas, ejecutivas y judiciales sólo pueden hacer aquello que la ley expresamente les permite. *Prohibitur quia non permissum.* (.../...) El resto son explicaciones complementarias, de las que, incluso, podría prescindirse,

por cuanto concluye que,

> nuestra Constitución no permite expresamente la amnistía.

Como se complementa por Rodríguez-Zapata [88],

---

[87] Amnistía: las razones de la sinrazón, Tomás Ramón Fernández, Diario ABC, 23 de noviembre de 2023.

[88] La amnistía, el caballo de Troya contra la Constitución, Jorge Rodríguez-Zapata, Diario El Mundo, 14 de noviembre de 2023.

en una democracia constitucional no pueden existir –y no existen– funciones o potestades públicas si no están atribuidas por la propia Constitución, y además, con la precisión de en qué consisten, por quién se ejercen, con qué procedimiento y con qué límites.

En el mismo sentido, Manuel Aragón[89], al aseverar que

la amnistía, cualquier amnistía, solo podría dictarse hoy en España si la Constitución expresamente la hubiera previsto.

Siguiendo con Ruiz Robledo[90]:

La amnistía es una ruptura constitucional porque es una excepción a los principios de generalidad de la ley, igualdad de los ciudadanos y separación de poderes. Esta excepción sólo puede ser creada por la propia Constitución (como hacía la de 1931). Si no la crea, la ley no puede atribuírsela, porque ello equivaldría a ocupar el lugar de la Lex Legis (.../...). Las excepciones a los principios constitucionales únicamente pueden estar en la misma Constitución, como el indulto, la preferencia del varón sobre la mujer en la sucesión a la corona y la inmunidad de los parlamentarios.

Continuando con Francesc de Carreras[91]:

---

[89] Una amnistía falaz, Manuel Aragón, Diario El Mundo, 18 de noviembre de 2023.

[90] La honestidad de los juristas en la Amnistía, Agustín Ruiz Robledo, Diario de Sevilla, 16 de diciembre de 2024.

No hay silencio de la Constitución en lo referente a la amnistía, hay una referencia implícita que desautoriza su regulación por las Cortes Generales. Solo mediante una reforma constitucional podría subsanarse.

Ahondando con Andrés Ollero[92]:

El profesor Manuel Aragón (.../...) lo ha dicho con toda claridad y yo suscribo ese pensamiento en el sentido de que se dice, *bueno es que la Constitución no habla de la posibilidad de la amnistía y por tanto podría haberla porque no lo prohíbe.* No, es que es todo lo contrario. Sería necesario que la Constitución hablara de amnistía para que eso sea posible.

Para ir acabando ya con este apartado, ligado y conexo con este principio general del Derecho, y a modo de refuerzo del mismo en su papel coadyuvante, y por lo tanto en igual sentido, se encuentra el principio de *favor libertatis,* también formulado como de *in dubio favor libertatis* –el hombre es un fin en sí mismo, como se apuntaría por Kant en su *Fundamentación de la metafísica de las costumbres,* y no un medio en manos de nadie, o lo que es lo mismo según su tenor literal como *imperativo práctico* en

---

[91] La amnistía: cuestiones constitucionales, Francesc de Carreras, Real Academia de Ciencias Morales y Políticas, 20 de febrero de 2024.

[92] La Constitución no habla de amnistía porque entiende que España no es una dictadura, Andrés Ollero, Diario El Independiente, 6 de septiembre de 2023.

tanto que una de las formulaciones de su *imperativo categórico,*

> obra de tal modo que uses la humanidad, tanto en tu persona como en la persona de cualquier otro, siempre como un fin al mismo tiempo y nunca solamente como un medio-,

principio de *in dubio favor libertatis* –y aquí la duda doctrinal es más que evidente y palmaria–, como igual regla de interpretación constitucional que se deduce del artículo 1.1 de la Constitución cuando éste proclama la libertad, la igualdad, la justicia y el pluralismo político como valores superiores de nuestro ordenamiento jurídico, todo ello en tanto que

> principio de libertad, frente al de autoridad [93],

ya que

> como señala García de Enterría, la libertad deja de ser una franquicia frente al poder (.../...), pasa a ser precisamente el objeto mismo del poder político, que ha comenzado por surgir de ella [94].

---

[93] Principio de libertad, Diccionario jurídico, Diario Expansión.

[94] Principio de libertad, Diccionario jurídico, Diario Expansión.

De ahí que para el eventual caso de duda constitucional interpretativa y de fundamentación motivacional objetiva suficiente y bastante, al tratarse la amnistía de una institución no exenta de controversia jurídica y por tanto nada pacífica entre operadores jurídicos, sea de la misma y más plena aplicación resolutiva final, ahora ya residual por defecto –en nuestro caso particular como regla en la línea de los posicionamientos preclaros e indubitados que se defienden, y por tanto, a utilizar manifiesta y funcionalmente en contra de la amnistía–, toda vez que en ningún caso se podría entender la libertad de nadie sin la libre igualdad de todos.

LA AMNISTÍA COMO FRAUDE[95] CONSTITUCIONAL Y GRAVE GRIETA EN EL PILAR DE NUESTRAS LIBERTADES CIUDADANAS: LA IMPOSIBLE[96] CONSTITUCIONALIDAD DE LA AMNISTÍA

A modo de clausura y terminación, es preciso subrayar que la amnistía trae consigo importantes consecuencias, no solo sociales, sino también jurídicas. Una ley que condona y hace olvidar los delitos cometidos supone un gran riesgo para la sociedad que vive y convive en un Estado social y democrático de Derecho, y eso es lo que he pretendido trasladar, entre otras cuestiones, con la realización de la presente aproximación monográfica.

En consecuencia, podemos extraer varias conclusiones: en primer lugar, la amnistía implica una manifestación

---

[95] Amnistía: cuando el fraude está en la ley, Ángel Llorente, Diario El Mundo, 30 de mayo de 2024.

[96] La imposible amnistía, Enrique Gimbernat, Diario El Mundo, 9 de octubre de 2019.

del poder legislativo, actuando en representación del Estado, mediante la cual se altera retroactivamente la calificación jurídica de ciertas conductas previamente consideradas ilícitas, cometidas por un grupo específico de ciudadanos durante un período determinado. En esencia, supone una admisión implícita por parte del Estado de que determinadas disposiciones legales fueron adoptadas de forma indebida, influenciadas por un sesgo ideológico y dirigidas de manera selectiva hacia ciertos individuos.

En un segundo lugar, y una vez realizado un análisis de varios artículos de nuestra Constitución podemos afirmar que la aprobación de una ley de amnistía -como así ya ha sucedido recientemente según queda reflejado con anterioridad-, supondría una violación de varios principios, valores y preceptos de nuestra Constitución, siendo claramente incompatible con nuestro Estado de Derecho.

Son numerosas las personas y operadores jurídicos que entienden que todo aquello que no esté prohibido en la Constitución está permitido, pero esto no es del todo cierto. Esta máxima únicamente se cumple respecto de los ciudadanos, es decir, desde un punto de vista legal, todo aquello que no se nos prohíbe lo tenemos permitido. Sin embargo, este argumento falaz es una barbaridad si lo aplicamos al Estado y a su ámbito de actuación en el día a día.

Ya desde un punto de vista de la disciplina externa internacional más inmediata que nos implica particularmente, el propio Dictamen de marzo de 2024 de la Comisión de Venecia sobre la amnistía, como órgano consultivo del Consejo de Europa, abunda en la idea de que su legitimidad depende, antes que de otras consideraciones secundarias, del respeto a la ordenación dada por cada Constitución nacional, y es evidente, a la vista del análisis efectuado, que nuestra Constitución, al no contemplar ordenación alguna de la misma, no la permite expresamente, tal y como se requeriría desde el punto de vista de la sola prevalencia de las libertades de todos como Estado democrático y de Derecho que constituimos –al menos formalmente como *deber ser*–, sobre el papel.

La institución de la amnistía no es por lo tanto un valor democrático imperativo y absoluto en tanto que universal y prepolítico internacionalmente, y sí solo un valor relativo a la concreta concurrencia de determinadas circunstancias, y es por ello claro y evidente que en ningún supuesto y bajo ningún concepto podrá ganar justificación y legitimidad interna desde el punto de vista de los Estados-nación, más allá de las fronteras de su propia delimitación constitucional, que habrán de ser en todo caso necesariamente expresas y habilitantes.

Dicha circunstancia de su no absolutización jurídica, coadyuva a su vez –junto con otras ya examinadas con anterioridad, estrechamente relacionadas en definitiva con el *favor libertatis*–, a inferir que de la nada, nada que sea válido puede surgir, y que del silencio constitucional propiamente interno y premeditado al respecto de la amnistía, solo puede derivarse, en definitiva, su mayor y más rotunda prohibición expresa por equivalencia, al no aparecer ésta expresamente regulada como se requeriría en tanto que excepción a la sagrada e intocable por principio exclusividad jurisdiccional, cuanto por ende y por todo ello, su imposibilidad legal última.

Como se esgrime por Martínez Sospedra[97]:

> Una ley así sencillamente no puede ser constitucional salvo que exista en la Constitución una previsión que ampare la producción de leyes con tales contenidos. Sólo tiene la posibilidad de ser constitucional si la ley fundamental contiene una cláusula habilitante que nos diga quién, y cómo puede hacerla, mediante qué procedimiento, con qué controles y con qué límites,

para luego cerrar el círculo de su argumentación indicando que,

> la amnistía no es una figura propia del derecho ordinario, es una figura típica del derecho de excepción y, del mismo modo que la regulación de los estados excepcionales exige autorización constitucional para poder ser constitucional, lo mismo sucede con la amnistía.

---

[97] La amnistía ilegítima (o el problema de la ausencia de cláusula constitucional habilitante), Manuel Martínez Sospedra, Diario Demócrata, 13 de noviembre de 2023.

Por todo lo expuesto y ya para acabar, en ningún caso en nuestro sistema constitucional, definido a su vez como Estado democrático y social de Derecho contrario por naturaleza al poder omnímodo de los poderes públicos, se debiera cumplir la narración de Orwell[98], de que

todos son iguales, pero algunos son más iguales que otros.

Con todo, la nota pesimista para seguir tocando de pies en el suelo nos la pone -junto a Kelsen y Schmitt según indica el propio autor citado-, Capella, en su obra sobre *Los ciudadanos siervos:*

Los *deberes del Estado* que garantizan los *derechos de libertad* (.../...) de los ciudadanos son ...de naturaleza *política.* O, dicho de otro modo; la existencia de *derechos de libertad* no está jurídicamente garantizada porque la constitución que los proclama no está jurídicamente garantizada. Los famosos *deberes del Estado* están impuestos, pura y simplemente, por una *correlación de fuerzas de naturaleza política.* (.../...) Los frágiles derechos de libertad de la época moderna se basan, pues, en la convención de respetar los derechos de libertad. *Dependen, pues, de quienes convienen.*

Aun así, y a pesar de los muchos pesares, que se nutren en lo fundamental de dicha nota pesimista indicada,

---

[98] Rebelión en la granja, George Orwell.

y que tienen que ver en lo concreto con una ocasional y maleable laxitud interpretativa metajurídica al margen del carácter suprajurídico y sin cesuras de la Constitución, maleable y dúctil laxitud interpretativa metajurídica derivada de la propia naturaleza política y no jurídica anunciada por Capella de los derechos-deberes de libertad, cuanto con el riesgo ya más bien extremo de una politización de signo cesarista por bastardos intereses políticos fundamentados, en este caso y desde otra suerte de comisariado político del poder público existente, en intereses estrictamente particulares al margen del bien público, al darse contenido de naturaleza política a un *derecho inexistente* como sucedería en nuestro caso, ambas a dos circunstancias concretas por causa de un infame asalto político a la neutralidad de nuestras instituciones garantistas y de arbitraje democrático -por excelencia y mayor protagonismo, del propio Tribunal Constitucional de España-, como digo, a pesar de tales pesares, ... *eppure si muove*.

AGRADECIMIENTOS

A mis sufridos padres, sin los cuales este libro de alguna manera no habría visto la luz, esa luz que con tristeza se apagó por siempre para uno de ellos. A Mónica, compañera incansable y pilar fundamental. Y a Anaid y Leo, por su igual paciencia con mis neuras y desbarres. Todos ellos en su modo y proporción han contribuido en el acierto o desacierto de su resultado final.

Y cómo no a Juan-Ramón Capella, como ya dije, otrora maestro, mentor en estas lides y amigo inolvidable.

En el día de la ira y la indignidad, *en Barcelona, a 26 de junio de 2025*